Charles Coquelin

La Question
des Céréales

Essai

ISBN : 978-1973929406

10 9 8 7 6 5 4 3 2 1

Charles Coquelin

La Question
des Céréales

Essai

Table de Matières

La Question des Céréales   **6**

Notes   **39**

La Question des Céréales

Il n'y a point de question économique qui ait éveillé au même degré que la question des céréales la sollicitude des gouvernements et des législateurs ; aussi n'y en a-t-il point qui ait été l'objet d'un plus grand nombre d'actes publics. Tous les gouvernements du monde ont porté leur attention sur la subsistance du peuple ; tous, ou presque tous, ont voulu régler cette importante matière par des lois. Si haut que l'on remonte, on trouve dans les monuments historiques les traces de ces préoccupations. L'antiquité en est pleine, et l'histoire moderne n'est pas, à cet égard, moins fertile. On remplirait un volume de la seule nomenclature des actes publics rendus en France depuis le XIIe siècle sur le commerce ou la culture des grains. Du règne d'Henri IV seulement jusqu'au règne de Louis XVI, on en compte cent soixante, et l'on sait que les gouvernements qui suivirent en furent encore plus prodigues.

Cette vive et continuelle sollicitude s'explique, du moins quant à l'intention et à l'objet. Qu'y a-t-il, en effet, de plus important que ce qui touche à la subsistance du peuple ? Les lois relatives à cette matière ne sont pas seulement les plus intéressantes de toutes les lois commerciales, elles ont encore une immense portée politique. On l'a dit avec raison : il est difficile qu'un peuple demeure paisible quand il ne trouve pas autour de lui la satisfaction de ses premiers besoins ; aussi une disette de céréales a-t-elle été, dans tous les temps, singulièrement menaçante pour la paix publique. Si l'histoire générale n'avait pas été le plus souvent écrite par des rhéteurs, si les faits les plus intéressants de la vie des peuples n'y avaient pas été, pour la plupart, défigurés ou mutilés, s'il était possible enfin d'y retrouver entiers les éléments d'une histoire particulière du sujet qui nous occupe, nous avons foi qu'il sortirait de cette histoire de curieuses révélations. On y verrait que la chute ou la restauration des empires a dépendu quelquefois d'une simple question de subsistances, et que les révolutions des états ont été fréquemment, sinon déterminées, au moins tournées à mal, par la détresse d'un peuple manquant de pain. Sans consulter les faits anciens, souvent obscurs, on peut voir que les faits les plus modernes répondent tous à cette idée. C'est dans un temps de famine que l'ancienne monarchie française s'écroule. Tous les gouvernements éphémères

Charles Coquelin

que la révolution enfante périssent tour à tour au milieu de circonstances semblables. L'empire, au contraire, se lève radieux au sein d'un peuple rassuré par d'abondantes récoltes, et tout sourit d'abord à son audace ; mais, plus tard, l'embarras des subsistances renaît, et trois récoltes insuffisantes semblent préparer de loin sa chute. Pareille, ou peu s'en faut, est l'histoire de la restauration, et il n'est pas déraisonnable de dire que le régime actuel, d'abord si menacé dans les jours de disette qui succèdent à la révolution de 1830, et bientôt après si raffermi, a subi dans un sens contraire l'influence du même principe. Qui sait si nous ne verrons pas, de nos jours, la constitution britannique, cette constitution célèbre qui a fourni, aux yeux de l'Europe étonnée, une carrière si longue et, à certains égards, si glorieuse, venir se briser contre les *lois-céréales*, que l'on regarde parfois, et si mal à propos, comme son plus ferme appui ? Ce serait assurément tronquer l'histoire que de rapporter à cette seule cause les grandes révolutions des états ; mais il n'est pas permis non plus d'en méconnaître la redoutable influence, et, s'il est vrai que jamais une disette de céréales n'a été la cause déterminante d'une crise politique, elle a toujours été du moins une circonstance aggravante qui, en envenimant une crise d'abord légère, l'a conduite bien souvent aux catastrophes.

Comme il n'y a point de matière qui ait été plus souvent réglementée par les lois, il n'y en a point aussi qui soit devenue, de la part des publicistes, l'objet de plus fréquentes discussions ou de plus laborieuses recherches. Vers le milieu du dernier siècle, elle suscita en France une sorte de débat public qui dura trente ans, qui fit entasser volumes sur volumes, et auquel prirent part, outre les sectateurs de l'école des économistes, presque tous les écrivains célèbres du temps. Combien de discussions n'a-t-elle pas fait naître durant la période révolutionnaire ! combien depuis 1814, au sein de nos assemblées législatives ! Et l'Angleterre n'est pas demeurée en reste avec la France à cet égard. Depuis 1815 surtout, date de l'existence de la loi actuelle, il n'y a point d'année qui n'ait vu se renouveler des discussions toujours plus vives. Du seul recueil des ouvrages publiés sur cette matière dans les deux pays, on formerait sans peine une grande bibliothèque.

Malgré tant d'essais d'une part, tant de travaux de l'autre, il s'en faut bien que le problème des subsistances soit résolu, et la situation actuelle de l'Europe le prouve. En dépit des lois destinées à les prévenir, les disettes de céréales reparaissent avec tous les maux, tous les périls qu'elles traînent à leur suite. il ne semble pas, d'ailleurs, que la question de principe soit plus avancée que la question de fait, puisque, de toutes parts, les débats recommencent avec une nouvelle ardeur. Faut-il conclure de là que le retour des disettes soit un mal inévitable, contre lequel l'humanité se débat en vain ? Faut-il admettre que le problème proposé n'ait pas, même en théorie, de bonne solution possible ? Assurément non. A cet égard, la multiplicité des tentatives ne prouve rien, sinon peut-être la séduction de certaines erreurs. Est-il donc si rare de voir les hommes, sans en excepter ceux qui gouvernent, se laisser entraîner par des apparences trompeuses toujours les mêmes, et suivre avec une persistance opiniâtre de fausses lueurs qui les égarent, sans que l'expérience, une expérience mille fois renouvelée, puisse rien contre cet entraînement fatal ? Après tout, malgré leur multiplicité et leur diversité apparente, toutes les mesures relatives aux subsistances varient peu quant au fond. C'est partout la même succession d'idées, avec le même enchaînement de conséquences. Tout cela roule éternellement dans le même cercle, cercle d'erreurs, de préjugés, de fausses hypothèses, toujours renouvelés des anciens temps.

Un gouvernement prévoyant et sage doit pourvoir, dit-on, à la subsistance du pays dont l'administration lui est confiée, et, pour cela, que faut-il faire ? En premier lieu, interdire ou du moins soumettre à des restrictions sévères l'exportation des grains indigènes, afin de réserver pour la consommation des nationaux tout ce que le sol produit ; en second lieu, favoriser l'importation des grains étrangers, afin de combler, au besoin, le déficit de la production locale. Voilà le fonds commun de toutes ces théories, l'idée mère à laquelle elles se rattachent, idée simple, en effet, à l'entraînement de laquelle on ne résiste pas. Comme il arrive toujours néanmoins que, malgré l'application de ce système, disons mieux, à cause de cela même, les disettes reviennent périodiquement affliger les peuples, on se trouve souvent conduit à adopter des mesures plus graves, dont voici le rigoureux enchaînement. Pour remédier au mal présent, on réglemente, on entrave le commerce, et, par une conséquence forcée de ces dispositions fâcheuses, le mal s'aggrave : la denrée devient rare sur les marchés, et les prix s'élèvent. Alors on entreprend de limiter, de fixer même les prix ; autre erreur, qui entraîne une nouvelle aggravation du mal, d'où naît une situation déjà pleine de périls et d'angoisses, car, à la suite d'une telle mesure, la denrée, qui n'était que chère, disparaît, et la vente cesse. Pour remplir le vide qui se manifeste, on s'avise alors de faire soi-même des achats au dehors, au moyen desquels on prétend faire concurrence aux détenteurs, et les ramener forcément sur les marchés ; enfin, pour combler la mesure de ces erreurs fatales, on arrive quelquefois jusqu'à faire au peuple, pour le compte de l'état, des distributions gratuites. Tel est le cercle inévitable. L'expédient des distributions gratuites est, au reste, le dernier, et clôt, pour ainsi dire, la série. Arrivé à ce point, tout gouvernement s'arrête, soit en raison de la violence même du désordre qu'il a causé, soit par impuissance, car cet expédient n'est pas de ceux qui puissent se soutenir longtemps sans épuiser les finances publiques. Il n'y a même dans l'histoire qu'un seul exemple de semblables distributions faites avec quelque persévérance et quelque suite on le trouve à Rome, dans les derniers temps de la république et à la naissance de l'empire. C'est que, pour suivre longtemps cette politique ruineuse, il fallait pouvoir, comme le sénat romain, consacrer à l'approvisionnement d'une seule ville avec ses dépendances les tributs de cent peuples divers et les dépouilles du monde.

Si nous avions à signaler l'erreur première dont toutes ces fausses théories dérivent, nous montrerions qu'elle consiste surtout à vouloir en toutes choses substituer ce qu'on appelle la sagesse du législateur à la prévoyance du commerce, prévoyance qui, dans la sphère où elle s'exerce, est bien supérieure à celle des lois. Sans nous arrêter toutefois à ces considérations générales, nous nous bornerons à montrer, avec la double autorité de la raison et des faits, qu'on se trompe quand on suppose qu'un pays vaste puisse jamais compter, pour son approvisionnement en céréales, sur les importations du dehors ; que l'abondance et la sécurité ne peuvent naître dans un tel pays que de l'extension donnée à la culture, et que le vrai, le seul moyen d'étendre cette culture, c'est d'autoriser toujours, de favoriser au besoin l'exportation : d'où il suit, contrairement à l'opinion reçue, que l'abondance naît essentiellement de la faculté d'exporter. Mais, avant d'entrer dans le développement de cette pensée, il est à propos de compléter ce qui précède par une nouvelle observation.

Le tableau que nous venons de présenter résume d'une manière assez exacte l'ensemble des idées qui ont présidé, dans tous les temps, à la confection des lois en ce qui touche les céréales. Toutefois cette théorie, si l'on peut donner le nom de théorie à ce qui n'est au fond qu'un entraînement aveugle, s'est accrue dans ces derniers temps, et sous l'empire des gouvernements constitutionnels modernes, d'un élément nouveau. Jusque-là, et dans tous les temps antérieurs, lorsqu'un gouvernement s'avisait de toucher aux lois concernant les céréales, à moins qu'il ne fût conduit par un esprit de fiscalité qui s'est assez rarement exercé sur cette matière, il le faisait uniquement dans l'intérêt de la subsistance du peuple. Cet intérêt, bien ou mal compris, était son invariable guide. Assurer l'approvisionnement régulier du pays, et maintenir les substances alimentaires à des prix facilement abordables pour tout le monde, tel était le but unique et constant de toutes les lois. Depuis l'établissement des gouvernements constitutionnels modernes, un nouveau principe, pour mieux dire, un nouvel intérêt a surgi : c'est l'intérêt des propriétaires fonciers, qui, sous le nom d'intérêt agricole, est venu compliquer le débat. Comme dans tous les états constitutionnels de l'Europe, sans en excepter la Belgique, les droits électoraux ont été plus ou moins exclusivement confiés aux propriétaires du sol, qui sont devenus par-là les arbitres des destinées ministérielles aussi bien que la source première des lois, l'intérêt de ces propriétaires a acquis tout à coup, sous l'empire de ce régime, une importance extraordinaire, inusitée, qui l'a fait mettre plus d'une fois en balance avec l'intérêt même de la subsistance du peuple, ce grand souci de tous les législateurs anciens. De là un système nouveau, système plus compliqué que l'ancien, et en quelque sorte double, dans lequel on a essayé le plus souvent de concilier les deux principes ou les deux intérêts contraires. Il peut se résumer ainsi : restreindre d'une part l'exportation des grains indigènes dans l'intérêt de la subsistance du peuple, restreindre de l'autre l'importation des grains étrangers dans l'intérêt prétendu de la culture du sol.

Voilà donc dans quels termes se présente aujourd'hui la question des céréales. Tous les préjugés anciens subsistent, quoiqu'ils aient peut-être, dans certaines régions, perdu quelque chose de leur in-

tensité [1] ; mais il s'y mêle désormais une idée nouvelle, qui doit
toute sa valeur, tout son crédit, à la prédominance d'une certaine
classe, idée qui consiste surtout à faciliter la vente des grains indigènes, tantôt en favorisant leur écoulement au dehors, tantôt, et
plus souvent encore, en repoussant à la frontière les grains étrangers.

Nous disons que cette idée, que ce nouvel esprit appartient essentiellement aux pays constitutionnels, où l'influence des propriétaires fonciers domine, et, si l'on doutait de la vérité de cette asser-
tion, il suffirait d'ouvrir l'histoire pour s'en convaincre. En France,
sous l'ancien régime, et dans tout le cours du XVIIIe siècle, malgré les entraves de toutes sortes dont le commerce des grains était
chargé à l'intérieur, l'importation des grains étrangers fut constamment admise comme une sorte de droit invariable et consacré, tandis qu'au contraire l'exportation des grains indigènes fut généralement interdite. On ne dérogea à ce dernier principe que deux fois
dans le cours d'un siècle, en 1764 et en 1787, et dans l'un et l'autre
cas cette tolérance accidentelle, qui n'était pas d'ailleurs exempte de
restrictions, fut de si courte durée, qu'elle n'eut pas même le temps
de porter ses fruits. La révolution et l'empire ne s'écartèrent point
en cela de la politique ancienne. Lorsque, par son décret du 29
août 1789, l'assemblée constituante rendit au commerce des grains
sa liberté à l'intérieur, elle excepta, par une disposition expresse,
le commerce avec le dehors, et bientôt, par un autre décret du 18
septembre suivant, elle déclara même attentatoire à la sûreté et à la
sécurité publiques toute exportation de grains et farines à l'étranger. Jusqu'à l'époque du consulat, le commerce des grains, quand
il ne fut pas totalement interdit, fut renfermé dans l'intérieur.
L'introduction des blés étrangers demeura néanmoins tacitement
autorisée en vertu d'une longue coutume, tandis que l'exportation,
suspendue par le décret de l'assemblée constituante, demeura interdite de fait et de droit. Le gouvernement du consulat l'autorisa
de nouveau, mais pour le cas seulement où le prix de l'hectolitre de
blé, relevé sur dix marchés, ne s'élèverait pas au-dessus d'un certain
taux, qui fut fixé, pour l'ouest et le nord de la France, à 16 fr., et un
peu plus tard à 20 fr. pour le midi. Dans les années suivantes, la loi,
plusieurs fois modifiée, continua à autoriser l'exportation, toujours
avec certaines réserves. Au reste, l'exercice de ce droit ne fut pas ré-

gulier, mais soumis à des autorisations partielles, délivrées par les agents du pouvoir, et qui devinrent l'objet d'un trafic scandaleux. En 1810, ces autorisations même furent supprimées, et l'exportation totalement interdite.

Telle fut donc, en France, la politique constante de tous les gouvernements antérieurs au gouvernement constitutionnel : n'autoriser l'exportation qu'exceptionnellement et sous certaines réserves, mais permettre et favoriser en tout temps l'importation, à ce double effet de réserver aux nationaux toutes les ressources de la production locale, et d'en combler au besoin les lacunes par les apports de l'étranger.

A peine le gouvernement constitutionnel est-il institué en 1814, tout change. Dès le 26 juillet, sans attendre même la délibération des chambres, le roi autorise provisoirement par une ordonnance, et sans aucune réserve, l'exportation des grains. Cette ordonnance provisoire est convertie en loi le 2 décembre suivant. Plus tard on revint, il est vrai, sur cette mesure, dans le maintien de laquelle on crut voir quelque danger ; mais l'esprit nouveau qui était entré dans les conseils publics se manifesta plus clairement dans la suite, d'abord par la loi du 16 juillet 1819, la première qui ait mis des conditions restrictives à l'importation des blés en France, ensuite par la loi du 4 juillet 1821, qui aggrava singulièrement les restrictions introduites dans la première. Cette loi de 1821, qui fut l'œuvre des chambres bien plus que celle du gouvernement, devint la règle du commerce des grains en France pendant toute la durée de la restauration. La loi de 1832, qui nous régit encore, en rappelle les principales dispositions, mais avec quelques modifications dictées par un esprit plus libéral.

Si de la France constitutionnelle on passe à l'Angleterre, on y trouve un exemple encore plus tranché des mêmes sentiments, des mêmes dispositions dans la législature. Dès l'année 1689, un an seulement après l'établissement définitif du régime constitutionnel, le parlement rendait un bill qui, en interdisant l'importation en Angleterre des grains étrangers, permettait l'exportation des grains indigènes, et même la favorisait au moyen d'une prime de 5 shillings par quarter [2]. Cette législation, qui fut en vigueur jusqu'en 1764, produisit en Angleterre des effets curieux, inattendus. Elle fut plusieurs fois modifiée dans la suite, mais toujours les restrictions à l'importation des grains étrangers reparurent, et devinrent comme la règle générale du commerce anglais. Il n'y eut guère qu'une exception, et ce fut durant la longue guerre que l'Angleterre eut à soutenir avec la France. L'aristocratie terrienne, qui semblait plus particulièrement engagée dans cette grande lutte, crut devoir alors se concilier l'appui et la faveur du peuple par un adoucissement aux anciennes restrictions. Toutefois, à peine la guerre avait-elle cessé que, dès l'année 1815, l'importation des grains étrangers était de nouveau interdite avec plus de rigueur que jamais. On ne songea plus, il est vrai, à favoriser l'exportation ; mais, l'eût-on permise, cette faculté eût été à peu près illusoire, car les restrictions qui frappent l'importation avant pour effet naturel et nécessaire, comme nous le verrons bientôt, d'élever la moyenne des prix au-dessus du niveau commun des prix à l'étranger, un pays qui se refuse à recevoir des grains du dehors ne peut guère songer à exporter les siens qu'autant qu'il favorise cette exportation, comme l'Angleterre le faisait autrefois, par des primes.

Ainsi, pendant tout le cours du XVIIIe siècle, la France et l'Angleterre, gouvernées selon des systèmes différents, suivirent, en ce qui concerne le commerce des grains, des voies diamétralement contraires, l'une interdisant ce que l'autre permettait ou favorisait même par des primés. Depuis que ces deux pays sont placés, quant à leur constitution, sous des régimes semblables, leurs *lois-céréales* ont été, au contraire, calquées les unes sur les autres, avec cette différence toutefois que, l'influence de la propriété foncière étant beaucoup plus exclusive en Angleterre qu'en France, les restrictions mises à l'importation y ont toujours été plus rigoureuses. Et ce qui n'est pas moins remarquable, c'est que le nouvel adoucissement apporté à ces restrictions en France par la loi de 1832 coïncide avec un affaiblissement pareil du parti des propriétaires fonciers : la loi de 1832 ne semble, en effet, si l'on rapproche les dates, que le corollaire de cette autre loi qui, en supprimant d'une part les grands collèges et le double vote des plus riches propriétaires, et en introduisant de l'autre dans le corps électoral, par l'abaissement du cens, un plus grand nombre de patentés, a doublement restreint l'influence que la propriété foncière avait acquise : tant il est vrai que les restrictions mises à l'importation des grains étrangers ne sont au fond qu'une inspiration du parti des propriétaires du sol, et sont comme liées à sa destinée politique.

L'exemple de la Belgique confirme hautement cette vérité. Tant que ce pays fut lié à la Hollande et gouverné par des mains étrangères, le commerce des grains y fut libre au dehors comme au dedans. Depuis qu'il possède des chambres nationales, où l'intérêt agricole[3] est largement représenté, les restrictions y sont venues les unes à la suite des autres, en s'aggravant toujours, et l'on sait qu'une nouvelle loi votée dans la dernière session aurait déjà rendu ces restrictions encore plus rigoureuses, si, en raison de la gravité des circonstances actuelles et du déficit de la dernière récolte, le gouvernement n'avait jugé nécessaire d'en suspendre les effets.

Notre intention n'est pas de tirer des observations qui précèdent une induction défavorable aux gouvernements constitutionnels modernes, ni surtout au système représentatif en général. Nous avons voulu seulement constater un fait, fait trop général et trop apparent pour n'avoir pas une signification, et qui nous a paru de nature à faire ressortir l'esprit en même temps qu'à faire préjuger le sort futur de certaines dispositions de nos *lois-céréales*. C'est à ce point de vue seulement que nous l'envisageons, en laissant d'ailleurs de côté toute considération politique étrangère à notre objet.

Entrons maintenant dans l'examen des systèmes divers dont nous venons de voir l'exposé. La question de la liberté du commerce des grains à l'intérieur est aujourd'hui tranchée en principe et en fait, et la circulaire récente de M. le ministre du commerce nous permet d'espérer que cette liberté sera garantie même contre les violences populaires. Aussi nous abstiendrons-nous d'en parler. Il s'agit donc seulement d'apprécier les effets du commerce extérieur sous le double rapport de l'importation et de l'exportation, ainsi que les conséquences ordinaires des lois qui le restreignent.

C'est une grande erreur de croire qu'un pays d'une certaine étendue, et pourvu d'une population nombreuse, tel, par exemple, que la France et l'Angleterre, puisse jamais compter pour ses approvisionnements en grains sur les importations du dehors. Les grains sont d'un usage trop général, et d'ailleurs trop encombrants, trop lourds, pour que les quantités venant de loin suppléent jamais, nous ne disons pas à la production totale d'un pays, mais même aux lacunes qui peuvent s'y manifester de temps en temps. Suivant

Charles Coquelin

les évaluations les plus probables [4], la production annuelle de la France en céréales de diverses sortes est de 180 millions d'hectolitres. Si l'on s'en rapporte, en outre, aux estimations produites au sein des chambres lors de la discussion de la loi de 1832, la différence en produit d'une bonne à une mauvaise récolte serait de 30 à 40 millions. Ces données, que nous sommes loin de produire comme rigoureusement exactes, peuvent du moins être admises à titre d'approximations. Eh bien ! la plus forte importation connue, celle de 1831, n'a guère excédé 3 millions. Est-ce avec cette quantité, qui doit encore être considérée comme exceptionnelle, car cette importation a dépassé de bien loin toutes les autres, qu'on peut se flatter de remplir le vide de la production locale ? Ce que nous disons de la France s'applique, du reste, avec la même force à l'Angleterre, quoique les moyens d'approvisionnement par le dehors y soient à certains égards plus étendus. Portées à leur extrême limite, les ressources fournies par l'importation n'ont jamais excédé en France le cinquantième, en Angleterre le vingtième peut-être des besoins. Ce seul rapprochement démontre assez que jamais l'abondance ne peut naître dans un grand pays de la faculté d'importer, et ce que le calcul, ce que la raison enseigne est d'ailleurs pleinement confirmé par l'expérience. Nous avons vu que pendant une longue suite d'années, et jusqu'en 1814, la liberté d'importation fut en quelque sorte le droit commun en France. A-t-on appris par hasard que, durant cette longue période, les disettes y aient été inconnues ? Loin de là ; le pays n'a pas même été préservé de la famine. L'histoire de l'Angleterre n'est pas moins instructive à cet égard, puisqu'en effet l'intervalle de temps où l'importation fut autorisée dans ce pays comprend quelques-unes des années les plus désastreuses qu'il ait connues. C'est donc bien mal à propos que quelques adversaires déterminés des prohibitions, entre autres les chefs de la ligue formée en Angleterre pour l'abolition des *lois-céréales (anti-corn-law-league)*, exaltent les ressources que l'importation pourrait offrir, et fondent sur cette espérance tous leurs calculs.

Est-ce à dire que la faculté d'importer soit indifférente pour un pays ? Loin de là. Seulement ce n'est pas à titre de ressource que cette faculté est particulièrement précieuse ; elle l'est avant tout en ce sens qu'elle empêche le monopole à l'intérieur et qu'elle modère les prix.

Ce qui fait naître l'abondance, ce qui préserve un pays de la disette, de la famine, de toutes les angoisses de la peur comme de la faim, c'est l'extension de la production locale, c'est le large développement de la culture. Voulez-vous ne jamais manquer du nécessaire, faites en sorte que votre propre sol fournisse en tout temps un superflu. Il ne s'agit donc que de savoir sous l'empire de quel régime la production locale se développe : or, la raison ne dit-elle pas que ce régime n'est autre que celui où les denrées produites trouvent constamment le débouché le plus étendu, le plus facile, au dehors comme au dedans ?

On a imaginé à cet égard d'étranges systèmes. Il semble d'abord que l'on parte toujours de cette hypothèse, que la culture, particulièrement celle des céréales, soit un fait constant, une sorte de donnée invariable. On suppose qu'un pays produit toujours en grains tout ce qu'il peut produire : rien de plus, rien de moins. Tel a été le point de départ de tous les systèmes anciens ; autrement ces systèmes ne s'expliqueraient point. Telle est encore la pensée qui se révèle aujourd'hui même dans toutes nos discussions publiques ; seulement cette pensée, qui n'est au fond qu'un préjugé très vieux, se présente toujours désormais avec un appareil de chiffres qui lui donne une sorte de vernis scientifique. Pour juger, dit-on, si l'on peut autoriser l'exportation des grains, il faut savoir si la production locale suffit aux besoins du pays ou les excède, et sur ce fondement on travaille à dresser de laborieux calculs. On présente, d'un côté, le tableau de la population et celui de la consommation par homme ; de l'autre, le tableau des terres labourables, ou mieux encore, le chiffre supposé des hectares cultivés en céréales, et le produit moyen de chacun de ces hectares [5] : la balance faite, on tire hardiment les conséquences. Comme il arrive toujours qu'à la suite de ces calculs les chiffres de la consommation et de la production s'alignent, soit parce que telle est en effet la situation : de la plupart des peuples de l'Europe, soit encore parce que les tableaux de statistique, doués qu'ils sont d'une élasticité merveilleuse, sont dressés de manière à amener ce résultat, on en conclut sans hésiter qu'il faut que le pays se retire en quelque sorte en lui-même, en réservant pour sa consommation propre tout ce que son territoire produit. Et c'est avec de semblables raisonnements que les lois sont faites, et ceux qui les produisent se vantent hautement d'avoir tiré l'économie politique de la sphère des abstractions pour l'asseoir sur la basa, solide des faits !

Il n'est pourtant pas difficile de distinguer l'erreur grossière qui se cache derrière ces ambitieux calculs. Que prouvent au fond les chiffres qu'on invoque, en les supposant aussi exacts qu'ils le sont peu ? Une seule chose : la production actuelle du pays ; mais, à moins qu'on ne suppose que cette production soit la dernière limite du possible, quelle conséquence peut-on en tirer par rapport à la production future ? Aujourd'hui, et sous l'empire des lois existantes, la consommation et la production s'alignent ; soit : voilà tout ce que la statistique prétend prouver. Est-ce à dire qu'il en sera toujours de même, et que les chiffres reconnus demeureront constants, invariables, même sous un régime nouveau ? On dirait vraiment, à entendre ces hardis calculateurs, qu'il y a dans chaque pays une certaine étendue de terres pour toujours et exclusivement consacrée à la culture des céréales, sans que cette culture soit susceptible ni de se resserrer, ni de s'étendre. On dirait qu'une sorte de loi impérieuse force les cultivateurs à tourner éternellement dans le même cercle, à tracer invariablement le même sillon.

En toutes choses, la production, à moins qu'elle ne soit limitée pas la nature des choses, tend à se mesurer sur l'étendue du débouché. Il peut y avoir de l'erreur quelquefois, soit en plus, soit en moins, surtout dans les pays où la main indiscrète du législateur a, par de fausses mesures, jeté le trouble dans l'économie industrielle ; la tendance n'en est pas moins constante, et il est rare qu'elle ne produise pas à la longue tous ses effets. Pourquoi la production des céréales ferait-elle à cet égard exception ? Elle n'a pas de limites nécessaires et fixes, car toute terre ensemencée, par exemple, en blé, peut fort bien être affectée à d'autres usages, et l'est même nécessairement quelquefois, de même qu'un grand nombre de terres où rarement le blé figure dans la rotation de l'assolement sont néanmoins très aptes à le produire. Dès-lors il est clair que les tableaux de statistique ne prouvent rien quelle que soit la somme actuelle des produits, on ne saurait en tenir compte, puisque rien n'empêche qu'elle ne s'élève ou ne s'abaisse sous un régime nouveau. Si l'on doute de la vérité de cette hypothèse, on n'a qu'à prendre les faits au hasard, dans un pays quelconque, dans le présent ou dans le passé, et l'on verra qu'il n'y en a pas un seul qui ne la confirme hautement.

Supposons un pays où le commerce des grains soit double-ment entravé par des lois également prohibitives à l'importation et à l'exportation : quelles sont les conséquences naturelles d'un tel régime ? Les voici : la production, réduite au seul débouché du marché intérieur, mais en même temps sûre d'y régner seule, fournit à peu près exactement ce que ce marché réclame ; c'est en effet ce qu'on remarque partout où une semblable législation est en vigueur. Toutefois, l'influence des saisons étant au-dessus de la prévoyance humaine, les producteurs établiront comme de raison leurs calculs sur le rapport des années communes. De là l'insuffi-sance de la denrée dans les années mauvaises, et la surabondance dans les années fertiles ; de là aussi tour à tour le malaise pour le peuple ou la ruine pour le cultivateur. Les lois prohibitives du commerce des céréales ne laissent guère, en effet, que l'alternative entre ces deux maux.

On peut même remarquer, dans les pays soumis à ce régime, une sorte de flux et de reflux de la production assez curieux à ob-server. Les cultivateurs, avons-nous dit, mesurent la production sur les besoins avec un tact assez sûr ; mais ce n'est point par des calculs complexes, dont ils sont fort incapables, et que l'adminis-tration même est inhabile à dresser : c'est par les facilités ou les difficultés qu'ils rencontrent dans l'écoulement de leurs produits. Qu'arrive-t-il cependant ? On sait qu'assez généralement plusieurs mauvaises années se succèdent, puis viennent à la suite l'une de l'autre quelques années fertiles. Durant les premières, les prix, n'étant pas modérés par la concurrence étrangère, s'élèvent au-delà de toute mesure, et les cultivateurs réalisent sur la vente de leurs produits des bénéfices énormes. Alors séduits à la fois par la fa-cilité du débouché et par la grandeur des bénéfices, ils étendent la culture ; ils se hâtent d'ensemencer en grains des terres précé-demment affectées à d'autres usages. Viennent ensuite les années fertiles, et aussitôt, grâce à l'extension précédemment donnée à la culture, le trop-plein se manifeste. Plus le déficit a été grand dans les années mauvaises, plus la réaction d'une année fertile se fait sentir. Les prix tombent, les marchés s'encombrent, les greniers des cultivateurs demeurent chargés d'un surcroît de marchandise dont ils ne trouvent nulle part le débouché ; c'est ainsi que la détresse des

Charles Coquelin

cultivateurs succède à la détresse du pays. Bientôt se manifeste un mouvement contraire, et on prévoit déjà les conséquences. Voilà comment un pays cerné par des lois prohibitives est sans cesse ballotté entre des écueils opposés, mais également funestes. Il suffit d'avoir étudié ce qui se passe en Angleterre depuis 1815, ce qui s'est passé en France même durant le cours de la restauration, et d'avoir suivi avec quelque attention les mouvements de l'agriculture dans les deux pays, pour reconnaître la justesse infaillible de ces observations.

Allons plus loin. Nous disions tout à l'heure que, dans un pays fermé par des lois prohibitives, la production suffit à peu près à la consommation dans les années communes. Cette hypothèse, toutefois, n'est pas entièrement exacte. On comprend, en effet, qu'une récolte supérieure aux besoins réduisant trop souvent le cultivateur à l'impossibilité absolue de vendre, il craint encore plus la surabondance produite par une année fertile, qu'il ne désire et n'espère la disette causée par une année mauvaise. Il se montre donc en général plus circonspect qu'ailleurs, aspirant à demeurer plutôt au-dessous qu'au-dessus des besoins, et telle est l'infaillibilité de ce sens intime qui guide la production, que l'effet répond à son calcul. Il arrive de là, chose étrange, que ce pays si âpre à se défendre contre l'importation est précisément celui qui éprouve le plus souvent l'irrésistible besoin d'appeler à lui les denrées étrangères, et qui en définitive importe le plus. Qui ne reconnaît à ces traits l'histoire de l'Angleterre ? Nul autre pays n'est aussi rigoureux à repousser les grains étrangers, et nul autre n'en consomme en réalité davantage. On suppose, il est vrai, que le peuple anglais n'éprouve ce besoin fréquent d'appeler à lui les ressources du dehors que parce que son territoire ne suffit point à le nourrir ; mais, quand on considère d'une part combien l'Anglais est en général peu consommateur de pain, de l'autre combien la culture des céréales est actuellement restreinte en Angleterre, et conséquent combien il resterait de terres à y consacrer si le faisait sentir, on ne comprend guère qu'un homme sensé puisse admettre sérieusement une telle supposition. Non, sa situation besoigneuse ne vient pas de l'excès de sa population ; tout repousse une telle hypothèse. Cette situation est l'effet naturel et nécessaire des lois. En veut-on une autre preuve de fait ? la voici. Si la législation française est, quant aux céréales, beaucoup plus libérale que celle de l'Angleterre, elle est en revanche, par rapport à la plupart des autres produits agricoles, la plus illibérale de toute l'Europe. Elle frappe de droits plus ou moins élevés à l'importation les lins, les chanvres, les laines, les graines oléagineuses, les chevaux, les moutons, les bêtes à cornes, en un mot tous les produits du sol. Nul autre pays n'oppose d'ailleurs à ces produits des tarifs plus rigoureux. Eh bien ! que l'on consulte nos états de douanes, et l'on verra que l'importation de ces mêmes produits est en France, toute proportion gardée, plus considérable que dans aucun autre pays du continent. Le phénomène, si étrange qu'il paraisse, est donc réel. Ce qui achève de l'expliquer, c'est que les entraves mises à l'importation des denrées du sol en élèvent toujours les prix à l'intérieur, et donnent ainsi un avantage marqué aux denrées étrangères.

Supposez maintenant que les lois existantes accordent toute facilité, toute latitude aux exportations des grains : alors le débouché s'étend, de nouvelles voies s'ouvrent à la vente, et le cultivateur, découvrant devant lui un horizon plus large, une carrière sans limites, proportionne ses opérations à l'étendue des besoins qu'il doit remplir. Soit qu'il affecte une plus grande étendue de terres à la culture des céréales, soit qu'il exploite avec plus d'activité, de sollicitude et de fruit celles qu'il y a consacrées précédemment, il travaille à verser sur un marché plus vaste une plus grande abondance de produits. La denrée se multiplie en raison de la demande. On peut même dire que sous un tel régime l'accroissement de la production surpasse celui de la consommation même, car les débouchés à l'extérieur ont cet avantage, inappréciable pour le producteur, de n'avoir point de borne fixe, arrêtée, infranchissable ; de pouvoir s'étendre d'une manière indéterminée à l'aide de quelques efforts et de quelques sacrifices, tandis que la consommation locale, naturellement limitée, ne se prête, s'il est permis de s'exprimer ainsi, à aucune espèce de transaction ; et rien n'est plus décourageant pour le producteur que de voir, une fois les besoins satisfaits, qu'il ne peut se défaire de sa marchandise à aucun prix. Ainsi la faculté d'exporter encourage la production et multiplie les ressources. Comment le pays viendrait-il alors à souffrir de la disette ? Dans les années communes, il produit au-delà de ses besoins, et verse au dehors son superflu. Par-là, comme les récoltes ne manquent jamais que partiellement, il se trouve que, dans les années mauvaises, il lui reste encore le nécessaire. Ajoutez qu'un pays habitué à exporter conçoit un sentiment tel de la supériorité de ses récoltes, qu'il est préservé des fausses terreurs, de ces paniques maladives, souvent plus désastreuses que la disette même. C'est ainsi qu'à la faveur de cette faculté précieuse d'exporter, l'abondance s'établit à demeure, et toute crainte de disette s'évanouit.

Veut-on encore des preuves à l'appui de cette vérité, on n'a qu'à prendre au hasard un pays quelconque où, durant un certain temps, l'exportation ait été régulièrement permise. Nous ne chercherons pas bien loin notre exemple, nous le prendrons dans l'histoire même de l'Angleterre, et le fait est à la fois assez curieux et assez concluant pour mériter d'être cité.

En 1689, on le sait, fut établie en Angleterre une loi qui non-seulement permettait l'exportation des grains, mais encore la favorisait au moyen d'une prime de 5 shillings par quarter. Quel était le but de cette loi ? Elle n'était pas, à coup sûr, dictée dans l'intérêt du peuple ; c'était, soi-disant, dans l'intérêt de l'agriculture, et par le fait dans l'intérêt des propriétaires fonciers. Que voulait, qu'espérait cependant l'aristocratie terrienne ? Elle voulait, en assurant aux grains du pays un débouché constant, produire une certaine rareté de la denrée, et en maintenir les prix. A certains égards, cette loi produisit son effet, car, quoi qu'en aient dit plusieurs économistes, et entre autres Adam Smith, elle fut singulièrement favorable à l'agriculture anglaise ; à d'autres égards cependant, elle eut des résultats tout différents de ceux qu'on attendait, puisqu'au lieu de cette rareté qu'on avait prévue, elle fit régner en Angleterre, tant qu'elle fut en vigueur, c'est-à-dire jusque vers 1764, l'abondance, une abondance constante, inaltérable. Écoutons ce que disait à ce sujet un auteur anglais, qui écrivait vers le milieu du dernier siècle, sous le pseudonyme de John Nickols. « Tant que l'Angleterre, disait-il, n'a songé à cultiver que pour sa propre subsistance, elle s'est trouvée souvent au-dessous de ses besoins, obligée d'acheter des blés étrangers ; mais, depuis qu'elle s'en est fait un objet de commerce, sa culture en a tellement augmenté, qu'une bonne récolte peut la nourrir cinq ans. » Ne nous arrêtons pas à l'exagération évidente de ces dernières paroles, qui sont en cela une expression des préjugés du temps : elles peuvent, toutefois, donner une idée de l'accroissement extraordinaire et subit que la culture avait pris sous l'influence du nouveau régime. « C'est à l'an 1689, continue Nickols, qu'est l'époque des riches moissons de l'Angleterre ; elle en est redevable à cet acte si sage, qui institua une gratification pour l'exportation des grains sur vaisseaux anglais. »

Ainsi l'Angleterre, qui, dans les années antérieures à 1689, avait été fréquemment tourmentée par les disettes, en fut longtemps préservée par la bienfaisante influence de cette loi. Depuis qu'elle a changé de système, le fléau de la disette est venu de nouveau fondre sur elle. Voilà donc un pays qui tour à tour, selon que ses lois fiscales gênent l'exportation, la favorisent ou l'entravent de nouveau, se voit d'abord exposé, comme tant d'autres, à des disettes fréquentes et à de subites variations de prix, devient ensuite tout d'un coup la providence des autres, et retombe encore dans son premier état ! Quoi de plus concluant qu'un tel exemple ? Il l'est d'autant plus que, durant la longue existence de la loi de 1689, l'importation fut constamment interdite ; tant il est vrai que l'abondance ne résulte pas des importations du dehors, mais au contraire de la faculté d'exporter.

Il y a eu dans tous les temps quelques contrées célèbres par l'exubérance de leur production en céréales, et qui étaient regardées comme des greniers d'abondance où les nations étrangères venaient de loin s'approvisionner ; cela était vrai surtout dans les temps anciens, où les restrictions douanières étaient moins générales ou moins uniformes qu'aujourd'hui. En remarquant la prodigieuse fécondité de ces pays, les historiens, les philosophes, les publicistes, n'ont guère su que vanter la nature de leur sol, auquel ils attribuaient, sans aller plus loin, cet heureux privilège de produire abondamment le grain « terre fertile en blés, » disaient-ils, et avec cela ils croyaient avoir tout dit, comme si la terre produisait le blé sans culture et par une sorte de faveur du ciel, comme si le blé était une plante si exclusive, si délicate, qu'il lui fallût, à l'exclusion de toute autre, telle nature de sol ou tel climat. Ce que nous disons des temps anciens s'applique, du reste, aux temps modernes, car, aujourd'hui comme autrefois, il y a des contrées que l'on regarde comme douées par privilège de la faculté de produire abondamment le blé. Si l'on étudiait avec quelque attention les pays qui ont joui ou qui jouissent encore de cet inappréciable avantage, on reconnaîtrait peut-être avec étonnement qu'ils ne sont en général ni plus fertiles, ni plus propres à la culture du blé, que tant d'autres connus seulement par la fréquence de leurs disettes et l'étendue de leurs besoins. Ce qui fait la prétendue fertilité des premiers, c'est la sagesse de leurs lois. De l'abondance comparative de leurs récoltes, on a conclu quelquefois qu'ils pouvaient admettre une législation plus libérale, une plus grande facilité dans l'exportation, et en y regardant bien on voit que cette facilité même faisait toute la différence. Comment en douter quand on voit les mêmes pays passant tour à tour à l'état de contrée fertile ou besoigneuse, selon que la législation s'y prête ou s'y refuse à l'exportation des grains ? Nous venons d'observer ce phénomène dans l'histoire de l'Angleterre ; on le retrouve, avec des circonstances différentes, dans l'histoire plus récente encore de la Belgique. Qui ne se souvient qu'au temps de la restauration, alors que les provinces belges étaient soumises au gouvernement de la Hollande, ce petit pays, soumis à des lois très libérales, fut à plusieurs reprises comme la providence des peuples voisins ? On en parlait aussi comme d'une sorte de grenier d'abondance, *terre fertile en blés*. La France et l'Angleterre venaient y puiser tour à tour et quelquefois en même temps. Vers 1830 surtout, la disette s'étant manifestée à la fois dans ces deux pays, les agents anglais et français s'abattirent sur les campagnes de la Belgique comme des nuées de sauterelles. Il semblait qu'ils dussent en peu de temps épuiser le pays. Il n'en fut rien pourtant. La Belgique répondit à toutes les demandes qui lui étaient faites, et ne s'en trouva pas plus mal. Ni le gouvernement ni le peuple ne s'émurent de cette exportation inusitée : il y eut seulement quelques rassemblements tumultueux sur les marchés de la ville de Bruges, où le bas peuple est peut-être plus ignorant et plus turbulent qu'ailleurs ; mais le gouvernement n'en tint pas compte, et l'expérience prouva qu'il faisait bien. Tant que la Belgique persista dans cette sage conduite, l'embarras des subsistances fut chose inconnue pour elle. Elle conserva sa réputation de grenier d'abondance, de terre fertile, inépuisable. C'est depuis qu'elle pratique un autre système que l'état des choses a changé.

Laissons à part la détresse présente de ce pays, détresse qu'on peut attribuer, si l'on veut, à des circonstances malheureuses, exceptionnelles. Toujours est-il que la Belgique n'est plus ce qu'elle était. Sous l'empire d'un régime nouveau, elle a perdu sa couronne ; elle a perdu la réputation qu'elle s'était faite et sa sécurité. La Belgique commence une existence nouvelle, existence orageuse, précaire, semée de périls et d'alarmes. Encore un pas dans cette voie, et elle n'aura bientôt plus rien à envier à l'Angleterre. Après avoir si longtemps vanté sa fertilité, on dira d'elle ce qu'on dit si naïvement de l'Angleterre : qu'en raison de la densité de sa population, le sol ne suffit pas pour la nourrir.

L'exemple de la France n'est pas moins concluant, quoique les faits s'y présentent, heureusement pour nous, dans un ordre contraire. Sous aucun des régimes restrictifs antérieurs à la loi de 1832, les disettes n'y ont manqué, et, selon que les restrictions ont été plus ou moins sévères, ces disettes ont été plus fréquentes ou plus rudes. Le régime établi par la loi de 1832, sans être celui d'une liberté complète, est à cet égard beaucoup plus libéral qu'aucun des régimes précédents. C'est aussi le seul sous l'empire duquel le pays n'ait éprouvé aucune disette sérieuse. Qu'y a-t-il de plus concluant que tous ces faits ? Si l'on persiste à dire que ce qui fait en Angleterre l'insuffisance actuelle des récoltes, c'est l'accroissement de la population, nous demanderons comment il se fait qu'un accroissement pareil de la population en France n'ait pas empêché cette population de trouver sur le sol qu'elle occupe une subsistance plus abondante et plus sure qu'elle ne l'a trouvée dans aucun temps.

Si la faculté d'exporter entretient dans un pays l'abondance, elle n'est pas moins précieuse en ce qu'elle contribue plus qu'aucune autre circonstance à maintenir une égalité à peu près constante dans les prix. Nous avons sous les yeux les relevés officiels des prix des grains sur le marché de Windsor pendant la longue suite d'années où la loi de 1689 fut en vigueur ; on n'y remarque durant tout ce temps que des oscillations assez légères. C'est, au contraire, une chose affligeante à voir, dans les pays soumis au régime restrictif, que les continuelles et brusques variations dans les cours des marchés. D'une année à l'autre, il y a parfois des différences telles que la raison s'étonne et que l'imagination s'effraie. « Dans l'espace de deux ans, disait M. Huskisson, faisant allusion aux années 1822 et 1823, les prix se sont élevés de 38 shillings à 112 shillings le quarter. » La France n'a guère été plus heureuse à cet égard dans les temps où l'exportation y était interdite. Ainsi, tantôt la denrée s'élève à des prix inabordables pour le consommateur, et qu'on a appelés assez justement *prix de famine* ; tantôt, au contraire, ces prix tombent si bas, que le cultivateur n'y trouve plus la juste rémunération de son labeur. D'une année à l'autre, la marchandise se met hors de la portée du consommateur ou s'avilit. C'est qu'en effet une bonne récolte donnant nécessairement un excédant quelconque sur la consommation, si l'exportation est interdite, il y a là pour ainsi dire une quantité flottante qui, ne trouvant de débouché nulle part, retombe de tout son poids sur le marché. Comment veut-on qu'un pays se tienne en repos au milieu de ces agitations continuelles ? Quelle sécurité d'une part pour le peuple ? quel encouragement de l'autre pour la culture ?

Mais, dira-t-on, si les quantités de grains qu'on peut importer dans un pays sont peu de chose relativement à la consommation totale, et ne suffisent jamais pour combler le vide de la production, par une raison semblable les quantités dont ce même pays fait un objet de commerce à l'extérieur ne forment aussi qu'une fraction assez mince de sa production totale. Dans le temps de son plus grand commerce en grains, l'Angleterre n'en exportait guère, année commune, que pour une valeur d'environ 35 millions [6], et les plus fortes exportations des autres pays n'excèdent guère en moyenne ce chiffre. Comment donc de si grands avantages peuvent-ils découler d'un accroissement de vente qui paraît si médiocre ? Nous pourrions dire à cela qu'un excédant relativement assez faible suffit, quand toute voie est fermée à son écoulement au dehors, pour produire l'encombrement à l'intérieur, d'autant mieux que les influences morales se mêlent toujours à celles qui naissent de l'état du marché. Y a-t-il un trop plein, le fermier se hâte de vendre pour réaliser, dans la crainte de ne pouvoir le faire quand le moment d'urgence sera venu, tandis que par une raison semblable l'acheteur se montre lent à se pourvoir, et par là ils contribuent l'un et l'autre à augmenter l'encombrement qui existait déjà. Au contraire, quand l'exportation est permise, la certitude d'un écoulement possible au dehors laisse tout le monde dans son assiette. Ces raisons toutefois seraient insuffisantes, si l'on ne tenait compte d'un fait bien important, bien grave, et généralement trop peu observé : c'est l'existence du commerce des grains, c'est l'intervention régulière des spéculateurs dans ce commerce partout où l'exportation a lieu, et leur disparition presque absolue là où cette même exportation est interdite.

Que les commerçants, intermédiaires entre le producteur et le consommateur, se montrent en effet ou disparaissent dans les circonstances dont nous parlons, c'est un fait d'observation très facile à vérifier, et qui d'ailleurs s'explique. Le commerce, pour nous servir d'une expression triviale, veut avoir ses coudées franches ; il lui faut de larges débouchés, un horizon vaste, une grande facilité dans ses opérations, et c'est surtout au commerce de spéculation que cette observation s'applique. Il ne s'acclimate guère dans les lieux où tout est borné, concentré, fini. Que ferait-il en effet dans ce cercle étroit où les lois prohibitives l'enserrent ? On ne se charge guère d'une marchandise aussi encombrante que les céréales, et d'une garde si difficile, quand on n'est pas sûr de pouvoir, dans le cas d'une nécessité pressante, l'écouler au loin. Aussi, dans tous les pays où les envois au dehors sont entravés, il n'y a point, à proprement parler, de commerce de grains. Partout, excepté peut-être dans le voisinage des capitales et dans quelques lieux privilégiés, les cultivateurs vont au marché voisin vendre directement leurs grains, par petites portions à la fois, aux meuniers, aux boulangers, ou quelquefois aux derniers consommateurs. Nulle part on ne voit de commerçants spéculateurs qui les enlèvent par masses pour ensuite les écouler au loin. A la vérité, quand, après une mauvaise récolte, la disette se montre avec ses périls et ses alarmes, et qu'à la suite d'un extraordinaire exhaussement des prix les barrières s'abaissent, on voit tout à coup apparaître et fondre sur cette denrée une nuée de spéculateurs sortis de toutes les professions pour exploiter la circonstance ; mais en temps ordinaire on peut dire avec vérité que le commerce des grains n'existe pas. Telle était la situation de la France sous la restauration, et, quoique cette situation se soit à coup sûr améliorée depuis ce temps sous l'empire d'une loi plus libérale, elle laisse encore à cet égard beaucoup à désirer. Telle est encore aujourd'hui la situation de l'Angleterre, et tous les rapports, même ceux du gouvernement, l'attestent. Pour comprendre les conséquences de cet état de choses, il suffit de considérer de près la fonction que le commerce remplit.

Plusieurs économistes ont déjà montré fort judicieusement que l'intervention des commerçants, dont on se plaint quelquefois comme d'un surcroît de charges pour les producteurs et les consommateurs, est presque toujours une véritable économie pour les uns et pour les autres ; que ces intermédiaires, en réunissant plusieurs opérations en une seule, et en faisant à la fois pour de grandes quantités réunies ce que chaque producteur serait obligé de faire pour les petites portions dont il dispose, obtiennent dans les transports, les manipulations, les emmagasinages et les ventes une économie de frais également profitable à tous, et qu'ainsi, malgré le salaire qu'ils prélèvent avec raison, leur entremise, loin de grever les produits d'une dépense nouvelle, les rend presque toujours à de meilleures conditions de prix. Ce n'est pourtant pas là le seul ni peut-être le plus grand avantage que leur intervention procure. Si les commerçants peuvent être considérés en ce sens comme les économes de l'industrie, ils en sont, à d'autres égards, les éclaireurs, les guides et les soutiens : ils sont l'œil de la production, dont ils éclairent la marche ; ils sont encore, s'il est permis de le dire, la providence du pays, auquel ils distribuent avec sagesse, intelligence et mesure ce que l'industrie proprement dite n'a fait que jeter sur le marché. Attentifs à découvrir les besoins et à les signaler, comme aussi à connaître et à utiliser toutes les ressources, ils rapprochent le producteur et le consommateur, montrant à celui-ci des ressources qu'il ignorait, ouvrant à celui-là des débouchés qu'il n'aurait pas trouvés lui-même. Ils font plus encore ; mais, pour nous en tenir à ce qui nous occupe en ce moment, c'est par eux surtout que le marché se nivelle et que l'égalité des prix se maintient dans les lieux et dans les temps.

Le propre du commerce, et surtout du commerce de spéculation, c'est d'acheter pour revendre, d'acheter quand la marchandise abonde et que les prix baissent, de revendre quand la pénurie se fait sentir et que les prix s'élèvent. — Trafic honteux ! œuvre improductive et immorale ! s'écrient quelques hommes ignorants. — Travail honorable ! œuvre éminemment utile et fécondante ! disent ceux qui ont pris la peine d'examiner. On a vu comment, sous un régime de restrictions, les bonnes et les mauvaises années, en se succédant tour à tour, ramènent à peu près périodiquement l'une après l'autre la disette, fléau du pays, ou la surabondance, occasion de ruine pour le cultivateur des chertés désolantes ou un excessif avilissement des prix. Supposez au contraire qu'au milieu de ce mouvement irrégulier des récoltes s'interposent quelques milliers de commerçants spéculateurs : à l'instant la situation change, et le mal, qui n'est pas, quoi qu'on en dise, irréparable, s'évanouit. Dans les années fertiles, ces économes prévoyants, séduits par le bas prix, attirent à eux et mettent en réserve pour d'autres temps une partie de la marchandise qui surabonde. Ont-ils quelques fonds disponibles, c'est à cela qu'ils les consacrent ; trouvent-ils quelque endroit vide dans leurs magasins, c'est de cette marchandise qu'ils le remplissent. Si en même temps l'exportation est permise, et elle doit l'être pour qu'un tel commerce ait lieu, favorisés qu'ils sont par le bas prix de la denrée, ils sondent tous les pays voisins pour y trouver des débouchés, ils tentent des expéditions lointaines, découvrent, s'il le faut, des consommateurs ignorés, poussent à la vente dans tous les coins du vaste marché qui leur est ouvert, et dégorgent en tous lieux quelque portion du superflu du pays. Ainsi, peu à peu et sans effort, au dehors et au dedans, l'excédent de la production s'écoule ou se retire, et le marché se désemplit. Qu'après cela surviennent les années infertiles, le mal est déjà pré-vu et le remède est prêt. Aussitôt que la hausse se prononce, les innombrables réserves faites en d'autres temps reparaissent, et, se présentant sur le marché en concurrence avec le produit de la moisson nouvelle, elles en remplissent toutes les lacunes.

On ne prend pas garde en général à ces petits lots de marchan-dises dont les commerçants spéculateurs, partout où le commerce est libre, garnissent leurs magasins ou leurs greniers, parce qu'en effet chacun de ces lots pris isolément est peu considérable, et on se croit bien mieux assuré contre la disette à l'aspect de ces vastes greniers d'abondance qui ont été le rêve de quelques gouverne-ments malavisés. Et cependant, outre que ceux-ci découragent, par une concurrence mal entendue, le commerce et l'agriculture, les masses imposantes qu'ils renferment sont peu de chose, après tout, en comparaison des innombrables petites réserves formées par les particuliers. Quoi qu'il en soit, comme, dans tout pays où l'exportation est libre, la production surpasse, en temps ordinaire, les besoins de la consommation locale, et les satisfait toujours, l'of-fice du spéculateur consiste moins alors à prévenir une disette qui n'est point à craindre qu'à modérer les prix. C'est à quoi il réussit, même sans y penser, en tirant parti de ses réserves. Il n'arrête pas

Charles Coquelin

la hausse, et il n'est pas bon qu'il l'arrête, car le producteur doit toujours être, averti ; mais il en empêche l'excès : il l'atténue, comme, il avait atténué la baisse, et, après avoir soutenu la production dans les temps de surabondance, il vient en aide au consommateur dans les moments de pénurie.

Ce n'est pourtant pas sous cet aspect que le commerce des grains se présente toujours. Souvent, dans les temps de disette, nous entendons le peuple poursuivre de ses clameurs les marchands, qu'il flétrit du nom d'accapareurs. On est convenu aujourd'hui que ces accusations du peuple sont toujours fausses ou du moins exagérées, et, à tout prendre, on a raison. Il faut reconnaître toutefois qu'à certains égards elles ne sont pas dénuées de quelque fondement. C'est qu'en effet, là où le commerce, habituellement enchaîné, ne recouvre sa liberté que par intervalles et dans les temps de crise, il change de caractère et n'exerce plus cette action bienfaisante dont nous parlons. C'est seulement lorsque les prix dépassent un certain taux que tout à coup les barrières s'abaissent, et c'est alors aussi que les commerçants surgissent. Que viennent-ils faire en pareil cas sur le marché ? Y apporter des réserves antérieures ? Ils n'en ont point, puisque leur rôle commence. Non : ils viennent, comme nous l'avons dit, exploiter la circonstance, et, dans un temps de pénurie et de hausse, spéculer sur les chances d'une hausse encore plus forte. Sur un marché déjà peu garni, ils viennent augmenter la concurrence des acheteurs ; dans un temps où la marchandise est déjà chère, ils l'enlèvent dans la prévoyance d'un renchérissement encore plus prononcé, et ils contribuent ainsi, sans y prendre garde, à préparer cette cherté excessive qu'ils ont prévue. Il y a loin de là à cette intervention régulière et toute de prévoyance d'un commerce établi. Ce n'est pas qu'après tout, même dans ces circonstances défavorables, l'entremise des commerçants ne soit encore un bien. C'est par eux que le marché intérieur se nivelle et que le trop plein d'un endroit se déverse sur un autre ; c'est par eux aussi que sont importées du dehors les quantités plus ou moins considérables que l'étranger peut fournir. Cependant il est évident que le commerce des grains exercé dans de semblables conditions perd la plus grande partie de sa vertu. Jamais ce commerce n'accapare lorsqu'il est libre : il soutient les prix quand ils fléchissent ; mais, loin de les exagérer encore lorsqu'ils s'élèvent, il vient au contraire les modérer. Pourvu, dans ce dernier cas, de ses réserves antérieures, le commerçant se garde bien de spéculer sur les chances d'une hausse excessive qui n'arrivera point : il aime bien mieux réaliser par la vente un bénéfice certain, en profitant de l'exhaussement actuel des prix, d'autant plus que, sachant que ses magasins ne sont pas les seuls fournis, il éprouve le besoin de ne pas être prévenu. C'est ainsi que tour à tour il empêche tous les excès, qu'il modère à la fois et la hausse et la baisse, prévient la disette et la surabondance, et qu'il maintient enfin, au grand avantage dé tous, une égalité de prix presque inaltérable.

Voilà comment les faits s'expliquent. On peut comprendre maintenant cette alliance singulière de deux faits en apparence incompatibles : des envois continuels au dehors et une abondance constante au dedans. Phénomène remarquable, et pourtant naturel et simple, que les uns ignorent, parce qu'ils ne s'enquièrent point des faits dont ils se prévalent toujours, et dont les autres nient l'existence, parce qu'ils ne le comprennent pas.

Après ce que nous venons de dire, on pressent déjà comment la faculté d'exporter, si favorable au consommateur, est en même temps le meilleur encouragement pour la culture. Il est impossible qu'une industrie s'anime et se perfectionne au milieu de ces vicissitudes si fréquentes de hausse et de baisse, de ces continuels soubresauts auxquels l'agriculture est souvent en proie. Lorsque la marchandise surabonde et que les prix s'avilissent, le cultivateur, chargé d'une masse de produits dont il ne trouve pas la vente, et pauvre de l'abondance même dont il est entouré, se décourage et perd à la fois l'envie et le moyen de perfectionner son travail. Dans les temps de disette, au contraire, l'excessif renchérissement des prix lui tient lieu de tout, et il n'a plus besoin de s'être étudié à bien faire pour réaliser d'énormes bénéfices. Jouet d'évènements contraires que toute sa prudence ne saurait maîtriser, il s'abandonne en quelque sorte à ces chances incertaines, et attend d'une disette, c'est-à-dire d'une calamité publique, ce qu'il n'est jamais sûr d'obtenir de son travail. Quel avantage n'est-ce donc pas pour lui, quel puissant mobile pour le progrès de la culture, que cette égalité de prix ou cette égalité d'abondance qui naît de la faculté d'exporter ! Voici ce que disait à ce sujet, en 1825, un homme que l'Angleterre honore avec raison pour le bien qu'il a fait, et plus encore peut-être pour le bien qu'il aurait pu faire, si des influences trop puissantes n'avaient enchaîné ses mains. « J'ai toujours pensé que ce que nous devions le plus désirer, c'était de maintenir la permanence des prix, et d'empêcher ces oscillations convulsives qui mettent le désordre dans la fortune des cultivateurs. Or, que fait la législation actuelle ? Elle limite, dans les mauvaises années, les marchés dont nous pouvons tirer les grains qui nous sont nécessaires, et dans les bonnes elle nous empêche de vendre nos produits surabondants. Il est impossible de ne pas être surpris qu'il y ait encore quelqu'un qui puisse faire l'éloge d'un système également préjudiciable au cultivateur, à l'artisan, au fermier lui-même, surtout après le rapport de 1821, qui en a si complètement démontré tous les vices. Certes, ce n'était pas en 1822 que l'on pouvait se féliciter des effets produits par ce système, lorsque les grains étaient tombés à 38 shillings, que tous les soirs on entendait parler, dans cette chambre, de la banqueroute nationale, et proposer les expédients les plus extraordinaires. Dans l'espace de deux ans, le prix du grain a varié de 38 à 112 shillings le quarter. Il résulte de ces variations que l'industrie des fermiers ne présente plus aucune sûreté, que plusieurs des opérations auxquelles ils se livrent sont de purs jeux dont les résultats sont aussi incertains que peut l'être l'agiotage des actions des mines, et que, lorsqu'ils font un long bail, il est impossible qu'ils calculent les conséquences définitives qu'il doit avoir sur leur bien-être et sur celui de leurs familles [7]. »

Il nous reste à montrer que la liberté de l'importation, qui est d'une si médiocre importance si on la considère comme un moyen de combler le déficit des récoltes, est, à d'autres égards, d'une importance vitale, en ce qu'elle est la condition nécessaire de la modération des prix à l'intérieur.

Autorisée sous tous les gouvernements, quels qu'ils fussent, l'importation n'a été prohibée ou restreinte, comme nous l'avons vu, que dans les états constitutionnels modernes. Quel a été le but de ces restrictions ? C'est de favoriser l'agriculture : tel a été du moins le but apparent ou le prétexte. En repoussant les produits étrangers, on a voulu d'abord assurer au cultivateur la possession exclusive du marché national, ensuite produire une hausse factice dans le prix des marchandises. C'est par ce double privilège, un débit assuré au dedans et un prix plus élevé qu'il ne le serait sous l'action

d'un commerce libre, qu'on a prétendu à la fois enrichir le cultivateur et l'encourager à perfectionner son travail. Que ce procédé
soit inefficace pour déterminer le progrès de la culture, c'est ce que
l'expérience démontre tous les jours. Il est pourtant certain qu'il
tend à exhausser les prix. En vertu de quel principe cette hausse
se produit-elle ? comment se fait-il qu'elle ne soit pas un stimulant
pour la culture ? C'est ce qu'il nous reste à expliquer.

Lorsque les lois repoussent, par des prohibitions ou des droits,
certains produits étrangers, elles établissent naturellement, au profit des producteurs indigènes, une sorte de monopole. Il est bon de
remarquer toutefois que ce monopole change de caractère selon la
position ou la nature de l'industrie à laquelle il se rapporte. Si cette
industrie est, à l'intérieur, accessible à tout le monde, de manière
que des établissements rivaux puissent se multiplier à l'infini, le
monopole du producteur indigène n'est pour ainsi dire que relatif,
en ce sens que, mis à couvert de la concurrence étrangère, il ren-
contre au dedans une concurrence assez vive pour le forcer à modérer ses prix. Si, au contraire, l'industrie favorisée n'est accessible
qu'à un certain nombre d'hommes, et qu'à l'intérieur même elle
soit limitée dans son développement, ou par la nature des choses,
ou par les lois, le monopole est absolu, et rien n'empêche ceux qui
en jouissent de l'exercer dans sa rigueur. En général, les branches
de l'industrie manufacturière se trouvent dans le premier cas ; le
second cas est particulièrement celui de l'industrie agricole.

Il n'est presque jamais exact de dire, à l'égard de l'industrie manufacturière, comme on le fait souvent, que les droits établis sur
les marchandises étrangères permettent aux producteurs nationaux d'exagérer leurs prix et de faire des bénéfices énormes, ou
du moins cela n'est vrai que durant un certain temps. Que, le len-
demain de l'établissement d'un droit restrictif de l'importation, les
usines antérieurement fondées dans le pays puissent, à la faveur de
cette mesure, réaliser des bénéfices plus qu'ordinaires, cela n'est pas
douteux ; toutefois cette situation exceptionnellement avantageuse
ne peut être évidemment que transitoire, car, dès l'instant qu'elle
est connue, et elle ne tarde pas à l'être, des établissements rivaux
s'élèvent à l'envi, et, par l'effet seul de cette rivalité, les bénéfices ne
tardent pas à descendre au niveau commun. Tout ce que les lois
restrictives peuvent faire à l'égard d'une industrie de cette sorte,

Charles Coquelin

c'est de la maintenir dans le pays, en dépit de son infériorité relative ; jamais elles ne peuvent assurer aux hommes qui l'exploitent des bénéfices exorbitants. Mais ce qui est inexact dans l'application qu'on en fait à l'industrie manufacturière est rigoureusement vrai par rapport à l'industrie agricole. Si le nombre des usines ou des manufactures peut se multiplier indéfiniment au gré des circonstances, et selon que les avantages qu'elles offrent provoquent à les fonder, il n'en est pas de même des exploitations rurales ; le nombre en est fatalement borné par l'étendue du territoire. Ici le monopole est absolu, en ce sens que la concurrence, écartée sur la frontière, n'a aucun moyen pour se multiplier au dedans. Aussi ce monopole porte-t-il tous ses fruits. C'est à ce point que, si tous les produits agricoles d'un pays étaient également protégés par des prohibitions absolues contre les produits similaires de l'étranger, on verrait leur valeur vénale s'enfler et grossir toujours, sans qu'il y eût aucune limite possible à ce continuel exhaussement des prix.

Cette situation particulière de l'industrie agricole n'a pas été suffisamment comprise, et trop souvent, dans les ouvrages même des meilleurs économistes, toutes les mesures restrictives de l'importation, quels que soient les objets auxquels elles se rapportent, sont confondues dans le même anathème, dans une égale réprobation, comme si elles devaient produire nécessairement les mêmes effets. Il est certain pourtant qu'il y a à cet égard, quoi qu'on en dise, des distinctions à faire. Bien souvent les droits, même prohibitifs, qui frappent à l'importation les produits manufacturés, sont insignifiants, inoffensifs, et n'empêchent pas que ces produits ne se maintiennent à l'intérieur à des prix comparativement très bas, la concurrence des nationaux remplaçant largement dans ce cas la concurrence absente de l'étranger. C'est ce qu'on remarque, par exemple, pour la plupart des produits des manufactures anglaises. Qu'importe à l'Angleterre que les tarifs de la douane établissent des droits de 30, de 40, de 50 pour 100 et plus sur les cotonnades, sur les lainages, sur les fils et les tissus de lin, sur les articles de quincaillerie et sur beaucoup d'autres marchandises ouvrées ? Ces droits sont pour ainsi dire nominaux ou purement comminatoires : ils sont de nul effet dans la pratique, car il est bien rare qu'on ait l'occasion de les appliquer ; ils n'empêchent pas que les produits désignés dans les tarifs ne soient dans le pays à plus bas prix qu'ailleurs, et que l'Angleterre ne soit en mesure d'en inonder au besoin tous les marchés du monde. Il n'en est pas ainsi des produits du sol. A cet égard, aucun droit prohibitif ou seulement restrictif ne passe inaperçu, aucun ne peut être établi impunément. Il en résulte toujours, sur la denrée que la loi protège, une hausse factice, et cela s'applique d'ailleurs à tous les produits du sol, quels qu'ils soient, bien qu'à vrai dire l'application soit plus directe et plus sûre quant au plus important des produits du sol, les céréales, dont la valeur influe toujours plus ou moins sur la valeur de tous les autres. C'est que l'industrie agricole est à cet égard dans une situation particulière, exceptionnelle, où la concurrence intérieure est inefficace quand on écarte la concurrence du dehors. Cette situation n'est pas, du reste, sans analogue dans notre état social : elle peut se comparer assez exactement à celle de toutes les professions dont l'exercice a été, par un motif quelconque, limité par la loi, comme, par exemple, celle des courtiers ou agents de change, des notaires, des avoués, des huissiers, ou même, dans quelques-unes de nos grandes villes, des boulangers ou des bouchers. Tout le monde sait que les hommes attachés à ces professions font payer cher leurs services. Par une conséquence du monopole plus ou moins rigoureux que la loi établit en leur faveur, on y voit toujours les prix s'élever au-dessus de la juste mesure, quoi que puissent faire les règlements publics pour en modérer l'excès. Il en est de même pour l'industrie agricole et par une raison semblable. Aussi est-ce une vérité constatée par une expérience invariable, que, partout où l'importation des produits du sol est ou entravée ou interdite, malgré les inégalités inévitables qu'on remarque dans les cours, et dont nous avons indiqué la source, la moyenne des prix s'élève au-dessus du niveau commun.

Cependant, puisque les entraves mises à l'importation ont pour effet de renchérir la marchandise, on se demandera comment il se fait que ce renchérissement, si favorable en apparence au producteur, ne soit pas pour l'industrie même un stimulant ; question délicate, à laquelle pourtant la réponse est simple : c'est que dans tout établissement agricole il y a deux personnages différents qui prennent part au bénéfice, le cultivateur et le propriétaire, et ce n'est pas au profit du cultivateur que le prix de la denrée s'élève.

Quelle est, dans le produit d'une exploitation rurale, la part qui

Charles Coquelin

revient communément au propriétaire sous le nom de rente ? Quelle est celle qui reste au cultivateur ou exploitant comme profit de l'exploitation ? Quelque complexe que cette question paraisse, et quoiqu'elle ait été, entre des économistes célèbres, l'objet de longues controverses, il nous sera facile de la résoudre, sous le seul aspect du moins qui se rapporte à notre objet.

Les propriétaires possesseurs d'usines d'une nature particulière, qui ne sont pas susceptibles de se multiplier au gré des volontés humaines, jouissent, comme nous l'avons vu, d'une sorte de monopole ; mais ce privilège ne s'étend pas jusqu'aux cultivateurs. Si le nombre des exploitations rurales est borné par la nature, le nombre des hommes qui peuvent s'y établir à titre de fermiers ne l'est pas : ceux-ci rentrent par conséquent dans la condition commune. Ils subissent sans restriction, comme tous les autres industriels, la loi générale de la concurrence, en vertu de laquelle tous les bénéfices sont ramenés à une sorte de niveau ; aussi ne peuvent-ils en général ni être réduits à des avantages moindres que ceux de tous les autres industriels, ni porter leurs prétentions au-delà des bénéfices qu'on se procure ailleurs avec la même somme d'activité, de talents, de capitaux. Qu'ils obtiennent moins que cela, aussitôt ils déserteront la culture pour se réfugier dans l'industrie des villes, et les propriétaires seront forcés, pour les retenir, de baisser les fermages ; qu'ils portent au contraire leurs exigences plus loin, ils trouveront à l'instant même des concurrents qui viendront, en proposant des fermages plus élevés, leur disputer la préférence. On peut donc dire du cultivateur, en général, qu'il obtient en temps ordinaire, et toutes choses égales d'ailleurs, des avantages pareils à ceux qu'on se procure dans tous les autres emplois de l'industrie. Il va sans dire que tout ceci n'a rien d'absolu ; c'est une règle commune à laquelle tous les cas particuliers se rapportent plus ou moins.

Voilà donc la part du cultivateur ou fermier déterminée : elle se compose du profit naturel, c'est-à-dire ordinaire, de ses capitaux et du salaire de son travail. Cela posé, le compte du propriétaire est facile à faire. Tout ce qui reste du produit de l'exploitation, la part du cultivateur prélevée, revient au propriétaire et constitue la rente. La rente se forme essentiellement d'un excédant, de l'excédent du produit de la terre sur le salaire du travail et le profit des capitaux employés à la culture. La part du fermier a donc une mesure ; la rente du propriétaire n'en a pas. Aussi varie-t-elle suivant les contrées ; elle varie même d'une exploitation à l'autre, selon que la terre est plus ou moins fertile, la situation plus ou moins heureuse, et les divers avantages qui s'y rattachent plus ou moins étendus.

Puisque la part du cultivateur est en quelque sorte déterminée, et qu'au contraire la rente du propriétaire ne l'est pas, il est clair que toute mesure législative qui tend à augmenter ou à diminuer le produit des exploitations rurales est indifférente au cultivateur, et n'affecte jamais, au moins dans ses effets durables, que le revenu foncier. Qu'on établisse, par exemple, un nouvel impôt sur les terres : croit-on par hasard que le cultivateur en souffrira ? Oui, accidentellement, et jusqu'à l'expiration de son bail, mais non au-delà, car il ne supporterait pas longtemps une aggravation de charges qui réduirait outre mesure le produit de son travail. Supposez au contraire un dégrèvement de l'impôt foncier : est-ce le cultivateur qui en profitera ? Pas davantage. Aussitôt, en effet, que le produit de l'exploitation s'élèverait au-dessus de la mesure commune, le propriétaire avisé se hâterait d'élever dans la même proportion ses exigences, et les concurrents qui se présenteraient en foule lui en fourniraient à la fois l'occasion et le moyen. Ainsi, d'une et d'autre part, la position du cultivateur reste ou redevient la même, la rente seule est affectée : c'est sur le propriétaire que le fardeau retombe dans le premier cas ; c'est à lui seul que l'allégement profite dans l'autre. Il en est de même de toute mesure qui tend à élever ou à abaisser d'une manière factice, mais régulière et constante, la valeur vénale des produits du sol. Lorsque, par des restrictions à l'importation du dehors, on assure aux denrées nationales un prix factice supérieur au prix naturel, s'il est vrai qu'on augmente le produit ordinaire des exploitations rurales, et on n'en saurait douter, il n'est pas moins certain que cet accroissement de produit ne fait que grossir la rente, sans qu'il en reste en définitive la moindre parcelle au cultivateur ou exploitant.

Distinguons toutefois les effets transitoires des lois d'avec leurs effets constants ou durables. Quand survient à l'improviste, comme sous le ministère Villèle, un dégrèvement de l'impôt foncier, ou bien, comme dans les premières années de la restauration, une mesure restrictive qui élève subitement le produit des exploitations rurales, c'est, durant un certain temps, le cultivateur qui en profite, parce qu'il est le possesseur actuel, et que les conditions de sa possession ont été réglées par un bail sous l'empire d'un autre régime. Et voilà précisément pourquoi, dans tous les débats publics sur ces matières, le cultivateur incline, contre son intérêt véritable, vers le parti du propriétaire foncier. Mais son privilège n'a qu'un temps, il dure précisément autant que le bail qui lui est concédé. C'est donc toujours en dernière analyse au propriétaire seul que se rapportent les conséquences onéreuses ou favorables de toutes les mesures législatives qui ont pour effet d'augmenter ou de diminuer le produit des exploitations rurales.

Maintenant, qu'on veuille bien nous dire comment et dans quel sens l'agriculture est intéressée à ce que des propriétaires, qui vivent pour la plupart au sein des villes, voient grossir de cette manière artificielle leurs revenus ? En quoi cela contribue-t-il au progrès de la culture ? Quel avantage en retire cette nombreuse population qui vit du travail des champs ? Et quand même on supposerait, ce qui n'est pas, que la plupart des propriétaires fonciers cultivent eux-mêmes leurs terres, quel avantage y aurait-il encore à ce qu'ils prélevassent, à titre de propriétaires, une rente plus forte ? On cherche vainement à se faire illusion à cet égard : l'agriculture n'est en aucune manière intéressée dans le maintien des restrictions que l'on réclame en son nom. Loin de là ; son intérêt bien entendu en demanderait l'abolition entière. Tous les jours on invoque à grands cris, pour les cultivateurs, le bénéfice du crédit, et en effet c'est de l'extension du crédit que le progrès de l'agriculture dépend ; mais ceux qui élèvent le plus haut la voix pour en appeler la bienfaisante influence sur nos campagnes ne s'aperçoivent pas que, par la fausse tendance de leurs doctrines, ils l'en éloignent de plus en plus. Ni l'institution de ce qu'on appelle les *banques agricoles*, ni la réforme même du régime hypothécaire ne peuvent remplir l'objet qu'on se propose, car une banque agricole, nous l'avons expliqué ailleurs [8], est une institution contre nature, qui ne saurait prospérer longtemps, et le régime hypothécaire ne touche que fort peu les cultivateurs, dont la plupart ne sont pas propriétaires des champs qu'ils exploitent. On n'atteindrait pas mieux le but en substituant la grande à la petite culture, puisqu'en effet tout est relatif, et que, si le fermier d'une grande exploitation obtient généralement un crédit plus large, ses besoins sont aussi plus étendus. Une seule chose peut faire pénétrer dans les campagnes le crédit plus ou moins étendu qui règne dans les villes, c'est l'intervention des commerçants dans le maniement et la vente des produits du sol. Que les cultivateurs soient en contact perpétuel, en relation constante avec le commerce des villes pour l'écoulement de leurs denrées, et alors, mais alors seulement, ils participeront au crédit des villes. Or, cette intervention des commerçants, nous l'avons vu, est au prix de la liberté entière de l'achat et de la vente au dehors et au dedans. De quelque crédit que le commerce et l'industrie jouissent en Angleterre, ce crédit, on le sait trop bien, ne s'étend pas sur les campagnes, tandis qu'aux États-Unis, où le trafic des denrées du sol est libre, le cultivateur en jouit au même degré que les industriels de toutes les classes.

Après tout ce qui précède, nous aurons peu de chose à dire sur la situation présente.

En ce moment, l'Angleterre et la Belgique souffrent de la disette des substances alimentaires ; il ne faut pas s'en étonner. Les récoltes ont manqué, soit ; mais nous osons dire que ces deux pays doivent s'en prendre encore moins à l'inclémence du ciel qu'à l'inclémence de leurs lois. Sous une législation plus douce, la France jouit aussi d'une situation plus heureuse et plus calme. Ce n'est pas la première fois que ce contraste se prononce, et, si les mêmes lois subsistent, ce ne sera pas la dernière.

L'Angleterre se décidera-t-elle enfin à réformer ce régime détestable qui, depuis trente ans, décime ses populations par la misère et par la faim ? Riche et puissante par l'abondance inépuisable de ses mines de fer et de charbon, par la prodigieuse extension de son crédit et par l'industrie de ses enfants, souffrira-t-elle longtemps encore que les avantages de sa situation exceptionnelle soient perdus pour les masses, annulés qu'ils sont par une législation égoïste, qui en détourne ou en corrompt tous les bienfaits ? Il est difficile de préjuger à cet égard l'avenir. Depuis longtemps, il faut le reconnaître, le pays s'éclaire, et des voix généreuses y proclament maintenant la vérité jusque sur les toits ; mais le parti agricole est puissant, il est opiniâtre surtout, et l'expérience prouve qu'il ne lâche pas facilement sa proie. Toutefois voici que la ligue formée contre les *lois-céréales* attaque ce parti, non plus seulement par des

Charles Coquelin

prédications, mais dans la source même de sa puissance. Profitant d'une clause de la dernière loi électorale [9], dont l'aristocratie terrienne avait fait usage elle-même pour accroître sa puissance, ou du moins pour réparer l'échec que la réforme lui avait fait subir, la ligue crée à son tour des électeurs. Déjà même elle dispose de quelques sièges au parlement. La lutte prend donc désormais un caractère politique qui peut devenir menaçant. Il n'est pas vrai, comme on l'a dit souvent, que le maintien de la *loi-céréale* intéresse la conservation de l'aristocratie anglaise : elle n'intéresse, en effet, que sa fortune ; mais il serait peut-être vrai de dire que, si cette aristocratie n'a pas le courage de sacrifier cette partie mal acquise de sa fortune, la *loi-céréale* pourrait bien un jour tomber malgré elle, en l'entraînant sous ses débris.

Pour la France, elle ne contemple ces agitations que de loin. Malgré la crise financière qui la travaille, et à laquelle la disette des céréales dans quelques pays voisins n'est pas étrangère, elle jouit d'un calme relatif qu'elle doit à ses lois. Puisse-t-elle, instruite par l'exemple des autres et par sa propre histoire, ne pas troubler ce calme par d'imprudentes prohibitions ; et, si elle touche à ses lois, que ce soit pour étendre son commerce de grains et non pour le restreindre. Déjà quelques voix indiscrètes se sont élevées pour réclamer des mesures exceptionnelles. Nous espérons que le gouvernement ne les écoutera pas. Sous prétexte d'écarter un danger présent imaginaire, ces mesures ne tendraient, en faisant perdre aux cultivateurs la confiance qu'ils doivent avoir dans le débouché extérieur, qu'à créer un danger réel dans l'avenir.

Notes

1.   Nous pourrions à cet égard citer la circulaire récente de M. le ministre du commerce, qui nous parait une couvre de haute raison. Ce n'est pas à des actes de ce genre que nos critiques s'adressent.

2.   Le quarter équivaut à peu près à trois hectolitres.

3.   Le cens électoral est peu élevé en Belgique, mais il n'est pas uniforme ; il varie d'une province à l'autre, et surtout selon les localités, étant d'ailleurs beaucoup moins élevé pour les cam-

pagnes que pour les villes, ce qui rend le parti agricole prépondérant. Voici, par exemple, comment il est établi pour la province d'Anvers : pour Anvers, 80 florins ; Malines, 40 fl. ; Turnhout, 35 fl. ; Lierre, 35 fl. les campagnes, 30 fl.

4.　　Il faut ignorer absolument comment ces sortes d'évaluations sont faites pour en tirer, comme on l'a fait souvent, des inductions rigoureuses, et surtout pour oser présenter ces inductions comme des vérités établies. Ni en Angleterre, ni en France, on ne connaît exactement le chiffre de la production, parce qu'on manque de données fixes pour l'établir. D'ailleurs, comme l'a fait observer très judicieusement M. Mac-Culloch, non-seulement les récoltes sont variables, mais encore la quantité même des terres mises en culture varie d'une année à l'autre, de sorte que tout calcul exact est impossible.

5.　　Ce calcul de la production a été fait en France en 1811 et en 1817. En Angleterre, au rapport de M. Mac-Culloch, on a renoncé à faire des calculs de ce genre, pour ne plus estimer la production que d'après la consommation. Les résultats n'en sont pas moins toujours hypothétiques.

6.　　C'est, en effet, la moyenne de l'exportation des cinq années 1746 à 1750 inclusivement.

7.　　Huskisson's Speeches.

8.　　Revue des Deux Mondes du 1er septembre 1842.- Du crédit et des banques.

9.　　La clause connue sous le nom de clause Chandos, en vertu de laquelle tout cultivateur payant 40 sh. De contributions est électeur.

ISBN : 978-1973929406

www.ingramcontent.com/pod-product-compliance
Lightning Source LLC
Chambersburg PA
CBHW070929220526
45468CB00005B/1703

* 9 7 8 1 9 7 3 9 2 9 4 0 6 *